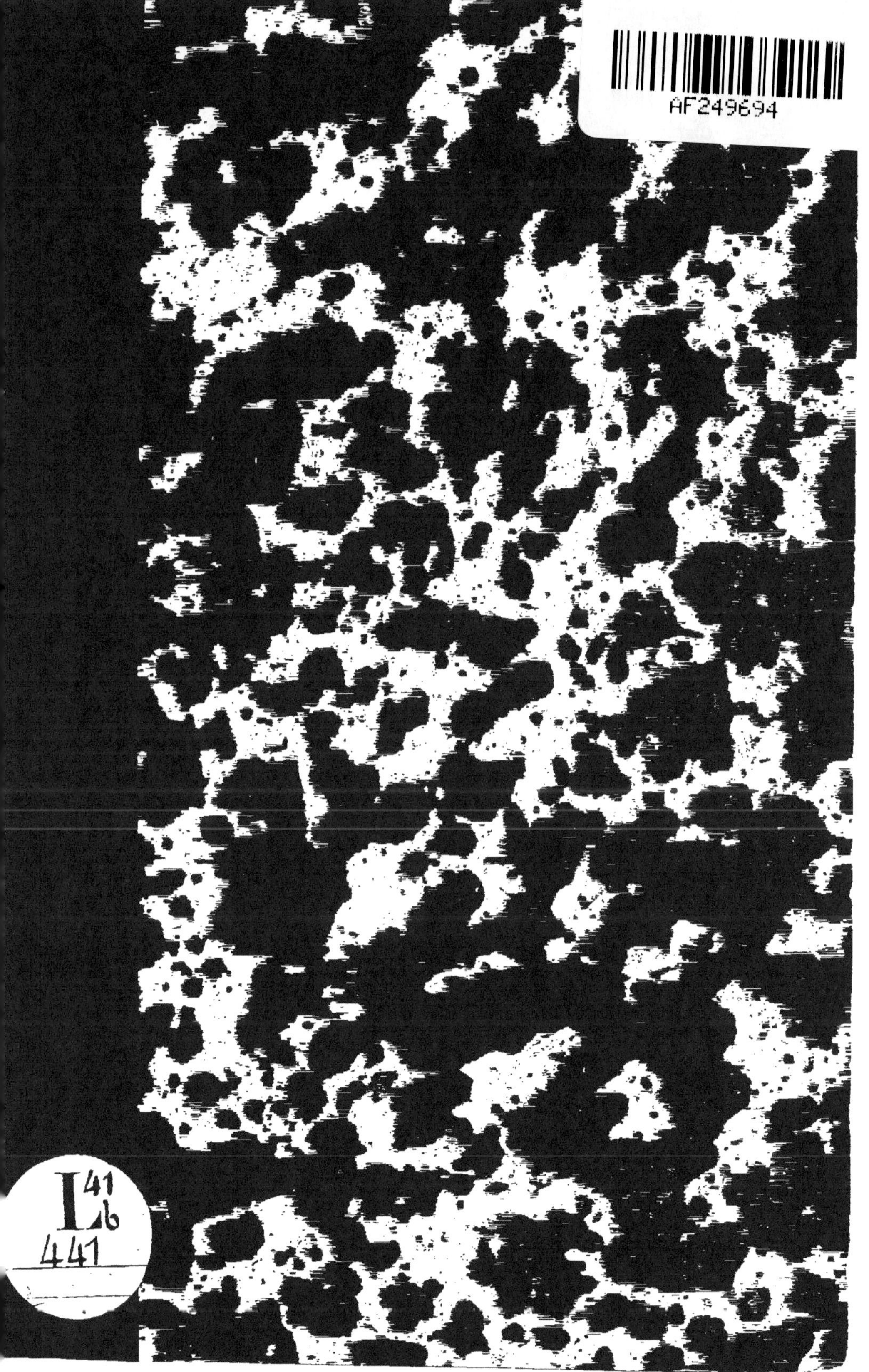

ORAISON FUNÈBRE

DE

LOUIS XVI,

ROI DE FRANCE ET DE NAVARRE,

Mis à mort sur la place de la Révolution, le 21 janvier 1793 ;

Prononcée à Paris le 21 janvier 1815, en l'Église paroissiale de St.-Vincent-de-Paule, après la restauration de Louis XVIII ;

DÉDIÉE

A S. A. R. MADAME LA DUCHESSE D'ANGOULÈME.

Par M. l'abbé de VILLEFORT, ancien Vicaire-général de Châlons-sur-Marne.

A PARIS,

Chez les marchands de nouveautés.

1816.

A SON ALTESSE ROYALE

MADAME LA DUCHESSE D'ANGOULÊME.

MADAME,

La religion a ses pieuses offrandes ; elles appartiennent à la vertu : Ministre des autels, c'est la seule que je doive présenter à Votre Altesse Royale.

Puis-je espérer, Madame, que votre bonté et votre piété filiale pour les auteurs de vos jours vous feront accueillir avec indulgence l'hommage de cette oraison funèbre consacrée à votre auguste Père? Je supplie Votre Altesse Royale de me permettre de la lui dédier.

Le descendant d'une famille qui depuis plusieurs générations a eu le bonheur d'approcher du berceau des Rois vos ancêtres, et de celui de Votre Altesse Royale, devoit employer ses foibles moyens à retracer aux yeux des Français toutes les vertus dont vos infortunés parens ont donné tant de preuves ; vertus sublimes que l'adversité a montrées dans tout leur éclat.

Trop heureux, MADAME, si ce foible ouvrage peut mériter votre approbation ! Veuillez me permettre de vous offrir l'hommage de ma très-respectueuse reconnoissance et de mon inviolable dévouement.

Je suis avec le plus profond respect,

de Votre Altesse Royale,

MADAME,

Le très-humble, très-obéissant
et très-dévoué serviteur,

L'abbé DE VILLEFORT.

PRÉCIS

Sur la cérémonie du 21 janvier 1815, lors de la translation au tombeau de Saint-Denis, des dépouilles mortelles de Louis XVI et de la Reine.

———

Vingt-deux ans après le martyre de Louis XVI, la première année de la restauration des descendans de Henri IV, S. A. R. Madame la duchesse d'Angoulême, unique rejeton de deux Royales victimes expirantes sous la hache révolutionnaire, le 21 janvier 1815, seule avec Dieu, témoin de sa profonde douleur, ne vivoit plus qu'au milieu des plus déchirans souvenirs.

Prosternée devant le Roi des Rois, elle méditoit et pleuroit sur l'étendue des pertes que dans sa prison elle eut à soutenir à la même époque, et qui lui retraçoient encore celle du 16 octobre. Affligeantes journées, que l'amour filial ne sauroit séparer, sur-tout lorsque le même tombeau va réunir un père et une mère si tendrement aimés, si dignes de l'être !

Fille sensible, orpheline au printemps de ses années, épouse tendre, son ame se réunissoit par la pensée aux auteurs de ses jours ; les élans de son cœur oppressé, à travers ses soupirs, les évoquoient de la nuit des tombeaux. Ses ferventes prières demandoient à Dieu le bonheur éternel de ces chères victimes et enfin la prospérité de la France, que son ame généreuse ne sauroit séparer de celle de sa famille.

Qu'elle étoit pénible, mais chère pour le cœur de cette Auguste Princesse, cette imposante cérémonie qui alloit porter dans le Temple de l'Eternel de si précieuses dépouilles ! !

Au moment où le meilleur des Rois, attendri, plein de confiance en ce Dieu, qui ôte et rend les trônes quand il lui plaît, versoit des larmes sur le sort de son auguste frère, s'avance un char funèbre. Il porte *ce reste* de Louis XVI et de la Reine, non pas *tel que la mort l'a fait*, comme s'exprime le célèbre Bossuet, mais tel que l'a épargné une dissolution prématurée, que la rage révolutionnaire s'étoit efforcée de hâter. *Reste.....* dépôt sacré, tel qu'on voudra le nommer, conservé par les soins et la piété d'un fidèle sujet, rendu à la famille de Louis XVIII; monument sacré d'expiation offert au repentir des Français égarés ou coupables, et à la vénération des sujets vertueux et fidèles.

Suivi par l'auguste et pieux frère de ce martyr Roi, par ses sensibles neveux, ce cortége à-la-fois religieux, militaire, imposant, s'avance lentement vers cette dernière demeure, qui jadis retraçoit à nos yeux l'*extrémité* de la grandeur de nos Rois. Il s'avance pour y déposer ces dépouilles mortelles, non pour *y dormir* comme autrefois *dans la poussière avec les grands de la terre, comme parle Job, avec ses aïeux, ces Rois et ces Princes anéantis.* Hélas! l'impiété et la fureur révolutionnaire les avoient depuis long-temps arrachés de ce dernier asile de la religion.

Comment nommer ces ossemens mêlés à un peu de

terre abreuvée du sang et chargée des dépouilles mortelles de ce martyr, saint sans doute? Hélas! ce sont, osons le dire, des précieuses reliques, destinées à inaugurer le moderne tombeau de l'antique et Royale famille des Bourbons. Espérons que nulle commotion ne pourra désormais les arracher de ce dernier tombeau, et encore moins de la France pacifiée.

C'est le 21 janvier 1815, dans une humble et modeste Paroisse de la Capitale, que l'auteur de cette *Oraison Funèbre* dérouloit devant un auditoire aussi nombreux que le comportoit son peu d'étendue, le tableau déchirant des outrages, des dangers, de la condamnation et du martyre de Louis XVI. Un tel récit ne pouvoit qu'émouvoir.

Qu'il étoit respectable ce deuil, cet élan de la piété et de la douleur des sujets fidèles et attendris, qui pleuroient sur les fautes des coupables! Religieux, ils adressoient à Dieu leurs prières pour le bonheur éternel de Louis XVI; fidèles, ils lui demandoient la conservation de sa famille rendue à leurs vœux.

Il étoit réservé à un prélat distingué par ses talens, ses vertus épiscopales, grand par la persécution qu'il a essuyée, de faire entendre sa voix dans la chaire de Saint-Denis (1).

Il avoit à exposer le détail des vertus, des souffrances et du martyre de Louis XVI, en présence de sa famille et de la plus auguste assemblée. Elle offroit dans sa

------

(1) Monsieur de Boulogne, évêque de Troyes, prononça à Saint-Denis l'oraison funèbre de Louis XVI, en présence de la famille Royale.

réunion plusieurs des anciens serviteurs du Roi et de la Reine; quelques-uns de ces gardes-du corps, modèles de fidélité et de dévouement. Témoins jadis des vertus de leurs Souverains, leurs yeux humides de larmes au souvenir de leurs bontés, de leurs bienfaits, pouvoient encore fixer avec attendrissement l'enveloppe funèbre de l'objet de leur amour, de ces restes de la grandeur Royale, anéantie sous le fer des bourreaux.

Dépôt arraché depuis vingt-quatre heures aux entrailles de la terre, où l'irréligion l'avoit enseveli et que la piété de Louis XVIII livroit au repentir et à la vénération de la France, en le plaçant dans le temple du dieu de miséricorde.

Certes, à la voix du ministre des autels, le sentiment d'une douleur profonde devoit être augmenté par tant d'objets réunis et si capables d'attendrir. Mais si ce spectacle imposant manquoit à la Capitale, elle offroit cependant, dans son enceinte et ses temples, le tableau touchant d'un deuil et d'une tristesse que l'homme sensible pouvoit apprécier.

Cette année 1816, le 21 janvier, par une résolution des deux Chambres, est fixé à jamais comme une fête d'expiation pour toute la France. Ce jour ne sauroit être moins imposant et solennel qu'il ne le fut en 1815. Aux mêmes sentimens, aux mêmes souvenirs, se joint encore la mémoire des dangers récens auxquels le Roi, sa famille et la France entière viennent d'échapper par une protection divine : grâce qui leur a été accordée sans doute par la puissante intercession de ce Roi martyr.

Nous citerons ici les paroles de l'auteur et qu'il prononçoit avec attendrissement après son discours. « Les

» sanglots qui se firent entendre , les larmes versées pen-
» dant que je faisois le récit des outrages et des souf-
» frances multipliées du Roi , étoient les expressions de
» la piété et de l'attendrissement naturel des fidèles Fran-
» çais réunis dans la Paroisse de Saint-Vincent de Paule ;
» elles ne pouvoient être excitées par mes foibles moyens.
» J'ai senti combien j'étois incapable de traiter un tel
» sujet ; mais l'époque où j'avois à parler du vertueux
» Louis XVI , eût suffi pour émouvoir et faire couler
» d'abondantes larmes. Tant de souvenirs douloureux
» pour la France entière se rattachent aux malheurs
» de ce pieux martyr , qu'il suffiroit désormais de pro-
» noncer son nom , de lire son testament , de citer la
» date du 21 janvier 1793 , pour faire naître dans le
» cœur des Français les marques du repentir. Ah ! puis-
» sent-ils désormais , fidèles au meilleur des Rois , faire
» oublier à l'Europe les forfaits d'un petit nombre de
» coupables ! c'est le désir, c'est l'espoir du ministre d'un
» dieu de paix. »

L'auteur espéroit prononcer de nouveau cette Oraison
Funèbre ; mais la circulaire de Son Exc. le Ministre de
l'intérieur ayant mis des entraves à son zèle, après avoir
obtenu de l'auguste et sensible fille de Louis XVI la
permission de la lui dédier , il l'offre au public. Plus de
deux générations nouvelles ignorant les crimes des régicides pourront à peine les croire, ainsi que les souffrances du Monarque : il a cru devoir en retracer som-
mairement les détails les plus marquans.

Il falloit rappeler , principalement à l'époque du martyre de Louis XVI , les éminentes vertus d'un si bon Roi,
mises en opposition avec les crimes de tant de tigres à face

humaine, indignes du nom d'homme. Mais ils ont une ame à sauver ces coupables! Un seul remords qui naîtroit dans le cœur de ces Français égarés, traîtres, juges ou bourreaux ; une seule larme qui viendroit baigner la paupière de l'homme repentant, doit encourager le zèle, déterminer le ministre des autels.

Pour se conformer à l'exemple de son Dieu, au testament de son Roi, il doit faire connoître cette miséricorde divine, cette clémence juste et éclairée que les Bourbons ont toujours pratiquée.

Vertu sacrée et royale, qui ramène le coupable, le réconcilie avec les hommes, sa conscience, son Dieu et son Souverain.

Exempt de tout autre sentiment, l'auteur n'a cédé qu'au désir de faire quelque bien et à la demande réitérée de l'amitié, lorsqu'il a consenti à livrer cet ouvrage à l'impression. Le sujet et le motif doivent faire excuser toutes ses imperfections. Beaucoup d'orateurs chrétiens seront plus éloquens : puisse aucun n'être plus sensible !

Ni Bossuet, ni Fléchier n'existent plus ! Cependant il est des têtes couronnées, des Princes, dignes successeurs de ceux que leur génie immortel a si dignement loués. Leur clémence, leur piété, leurs vertus, ne pourront-elles jamais être célébrées par de tels orateurs ? Vains regrets ! Tout est détruit par la mort. Hélas ! c'est elle aujourd'hui qui va faire couler nos larmes.

Quand on ne peut égaler d'aussi grands maîtres, on est trop heureux de s'attacher à leurs pas : on éprouve toujours un sensible regret de n'avoir pas plus de citations à leur emprunter, pour peindre une si terrible et si effrayante catastrophe.

ORAISON FUNÈBRE

DE

LOUIS XVI,

ROI DE FRANCE ET DE NAVARRE.

> *Adversum me lætati sunt et convenerunt : congregata sunt super me flagella, et ignoravi.*
>
> Psal. 34 , v. 15.
>
> Avec joie ils se sont réunis contre moi, les fléaux se sont accumulés sur moi et je les ai ignorés.

Chrétiens qu'un même sentiment de fidélité et d'amour pour vos Rois réunit dans cette enceinte sacrée, vous verrez dans une seule vie les extrémités des choses humaines.

Un Roi d'abord adoré de ses sujets, comblé des bénédictions de son peuple , éprouve ensuite les outrages et les persécutions les plus inouies. Après avoir langui dans une étroite prison , il perd le trône avec la vie.

Bientôt sur les débris de ce même trône avili, ensanglanté, s'élèvent des hommes sacriléges, des régicides obscurs et d'un rang dégradé. La naissance les distinguoit, le crime les réunit pour s'emparer avec audace de l'autorité suprême; enfin par les mêmes forfaits ils bouleversent l'Europe effrayée.

Après vingt-cinq ans de malheur, le trône de Saint-Louis indignement renversé, est miraculeusement relevé par la miséricorde de Dieu.

Je me suis imposé, Messieurs, le pénible devoir de vous faire connoître l'histoire des malheurs d'un Roi qui honora le sceptre par ses vertus, et dont le supplice couvrit la France de deuil et d'opprobre.

En commençant un tel récit, je vois plus que jamais la difficulté de mon entreprise. Quand j'envisage de près les infortunes d'une famille illustre par tant de Souverains, qui depuis plusieurs siècles firent le bonheur de la France et sa gloire, je sens combien je suis au-dessous de mon sujet.

Je prends mon zèle pour du talent, mon amour pour de l'éloquence, et en rentrant en moi-même je ne trouve plus qu'impuissance et foiblesse.

Mon esprit rebuté par tant d'indignes traitemens faits à la majesté royale et à la vertu, ne pourroit se résoudre à se jeter parmi tant d'horreurs, si la constance héroïque, la religion, la piété et la résignation de Louis XVI, Roi de France et de Navarre, ne surpassoient même les crimes qui ont amené tant d'événemens, couronnés par le plus lâche des forfaits.

Il faut que pour élever au-dessus de l'homme un Souverain digne de l'amour des Français, je puisse moi-même m'élever au-dessus de la créature; je dois enfin faire trembler les coupables et effrayer les grands de la terre, à l'aspect des terribles jugemens de Dieu.

J'ai donc à vous faire connoître les vertus et les persécutions de Louis, les desseins et les effets de la vengeance divine, contre l'irréligion, les égaremens et les crimes.

Je dois également vous montrer les preuves de la miséricorde de Dieu, pour la conservation de cet héritage de Saint-Louis.

Lorsqu'on cherche dans l'histoire les exemples des grands changemens qui se sont opérés, on trouve des causes différentes, provenues des fautes des princes, de leurs vices, ou de la licence de leurs mœurs.

Mais dans l'événement que j'ai à décrire, je ne trouve rien dans Louis XVI qui puisse déterminer, ou même faire soupçonner une révolution si extraordinaire dans son principe, si sacrilége dans ses effets.

Il faut donc chercher dans les causes secondes le développement même d'une révolution qui a tout bouleversé, tout détruit, changé nos mœurs, nos habitudes, nos goûts, notre genre d'esprit et notre caractère national ; qui, enfin, a sapé jusques dans ses fondemens la religion de nos pères.

Louis XVI étoit juste, pieux, bon, compatissant : dès sa jeunesse il aima, il professa les bonnes mœurs, dont il ne s'écarta jamais.

Instruit de ses affaires, il étoit capable de rendre la royauté non-seulement vénérable et sainte, mais encore aimable et chère à ses peuples, par sa douceur, sa bonté et sa bienfaisance.

Zélé observateur de sa parole, ami sincère, il fut toujours reconnoissant de l'amour et de la confiance de ses fidèles serviteurs.

A la piété de Saint-Louis il joignit la franchise d'Henri IV. Il eut pour son peuple cette tendresse dont Louis XII, ainsi que lui, donnèrent des preuves si multipliées. Il voulut toujours le soulagement des Français, jamais leur oppression.

Si d'un côté brillent dans le Monarque les

vertus d'un bon Roi, de l'autre on voit paroître dans une partie de ses sujets révoltés tous les vices et tous les crimes qui déshonorent. Accablé du poids de ses malheurs, il s'écrioit avec le Roi prophète : *Les fléaux se sont accumulés sur moi, et je les ai ignorés* (1).

Ce n'est point, Messieurs, les grands événemens politiques du règne de Louis XVI que je viens tracer ici, c'est le simple récit des longues et pénibles souffrances, des outrages faits à la majesté royale, que je viens vous offrir; détail du plus odieux des forfaits, qui priva la France du meilleur de ses Rois. Son martyr, en terminant plusieurs années de ses souffrances, fut le prélude des scènes révolutionnaires qui ont couvert de deuil la France et l'Europe.

Que pourroit-on reprocher à Louis **XVI**, sinon sa rare clémence, dirigée par le sentiment de l'amour de ses peuples? *César et Charles I furent clémens jusqu'à s'en repentir,* dit l'éloquent Bossuet. Admettons, si l'on veut, que ce fut aussi le défaut de Louis : gardons-nous cependant de croire que la constance ait

____

(1) Congregata sunt super me flagella, et ignoravi.

manqué au courage de son ame, et que la crainte de la mort l'ait jamais dirigé dans des occasions périlleuses, ou ait jamais pu influencer sa religion et son honneur.

Poursuivi par la rage des factieux, trahi par plusieurs des siens, on a pu le faire mourir ; mais jamais on ne vint à bout de vaincre sa patience et sa résignation, encore moins de le forcer à trahir ses sermens. Qui plus que Louis pouvoit dire dans ses longues souffrances : *J'ai espéré en vous, Seigneur, et je ne serai point confondu à jamais* (1).

Comment oser contempler son grand cœur dans ses dernières épreuves, soit en sa qualité de Roi, d'époux, de père, de frère et d'ami !... C'est cependant sous ces différens rapports que nous allons l'envisager.

Illustre et vertueux fils de Saint-Louis ! ô mon maître ! ô mon Roi ! c'est vous que j'implore, c'est vous que j'invoque du séjour des bienheureux, où sans doute vos vertus vous ont placé !

N'aurai-je échappé, comme tant de vos sujets fidèles, aux dangers qui les ont si long-temps et si souvent menacés, que pour pouvoir un jour

______

(1) In te, Domine, speravi ; non confundar in æternum.

faire entendre ma faible voix dans cette chaire
de vérité, y publier plusieurs événemens dont
je fus le témoin dans vos longues souffrances et
dont le souvenir me glace encore d'effroi ! Met-
tez dans ma bouche ces paroles fortes et élo-
quentes dont j'ai besoin. Puissent les sentimens
d'amour et de respect dont mon cœur est pénétré
pour les bienfaits dont vous honorâtes une famille fidèle et reconnoissante, me diriger dans
une entreprise bien au-dessus de mes forces !
Embrâsez d'amour, pénétrez de fidélité et de
soumission tous les Français destinés à vivre désormais sous les lois de votre auguste famille.
Ah! si le sentiment dont je suis animé tenoit lieu
d'éloquence, j'électriserois vos ames et vos cœurs.

Ceux qui connoissent les événemens, savent
bien que le Roi ne put jamais être accusé d'aucun
des griefs qui servirent de prétexte à sa condamnation. D'autres motifs fomentant les principes
qui servirent de base à la révolution, en amenèrent les sanglantes catastrophes. Disons-le : ces
principes furent la philosophie et l'immoralité ;
elles traînèrent à leur suite l'irreligion, qui ne fit
que les développer en les mettant en pratique.
Enfin les crimes qui ont inondé la France du
sang de tant de victimes, en furent les fatales
conséquences.

L'époque où l'esprit et la doctrine de cette philosophie commencèrent à paroître, remonte au-delà d'un siècle : suivons un instant sa marche et sa progression.

Aux dernières années religieuses du règne de Louis-le-grand succède une régence dont les mœurs dissolues ne laissèrent prendre que trop d'empire à des idées nouvelles qu'on regarda comme philosophiques et libérales. Mais ce qu'on qualifia du nom imposant de lumière, n'étoit et ne fut, depuis cette époque, qu'une impiété ouvertement prêchée, bientôt généralement répandue. En corrompant d'abord l'esprit et le cœur, il devoit s'ensuivre un changement extraordinaire dans tout ce qu'on avoit regardé jusqu'alors comme vertueux, respectable et sacré.

La corruption des mœurs se servit bientôt de la satyre et de l'arme terrible du ridicule, pour combattre l'évangile et les saintes pratiques de la religion.

Des hommes audacieux et à système immoral prêchent des maximes que leur nouveauté autant que leur hardiesse rendent célèbres et que la mode fait adopter. Dans le berceau de l'impiété s'élèvent les philosophes du dernier siècle.

Le régent et la Cour applaudissent à ces prin-

cipes ; bientôt on croit gagner par la familiarité
que le libertinage produit, l'attachement de la
classe inférieure, qui, au contraire, disparoît
sans la dignité d'une conduite noble : et alors
s'éteint promptement le respect dû au trône et
aux grandes places.

Le règne de Louis XV eut sans doute son
moment d'éclat et de gloire, mais il fut de
courte durée. L'amour des Français pour leur
Souverain se manifeste dans toute son étendue,
lorsque le Roi tomba malade à Metz.

Qui auroit pu jamais le croire, que les descendans de ce peuple français, qui à cette époque
remplissoient nuit et jour les temples de l'Eternel
pour lui demander la guérison et la vie d'un
Roi bien aimé, qui attendoient les courriers sur
les grandes routes, embrassoient ceux qui appor-
tèrent la nouvelle de la guérison du Monarque
adoré, viendroient un jour environner la salle où
l'on prononça, le 10 août, la déchéance de son
petit-fils, applaudiroient à l'arrêt de sa mort le
20 janvier, et qui, le lendemain, environnant
l'échafaud où il périt, verroient couler son sang
avec une barbare joie ! N'anticipons pas sur les
événemens, hâtons-nous d'arriver au moment
où Louis XVI va prendre les rênes de son gou-
vernement.

A vingt ans Louis XVI, par la mort de son aïeul, monte sur le trône. Peu de princes virent, à leur avénement, éclater autant de joie et d'allégresse ; peu recevront plus de preuve d'amour et de dévouement.

Sur le piédestal de la statue de Henri IV, on trouva écrit en gros caractère le mot *resurrexit, il est ressuscité*. Oui, la loyauté, la franchise de Henri, son amour pour les Français, reparurent sur le trône dans la personne de ce jeune Monarque ; mais aussi les assassins de Henri ressuscitèrent pour lui arracher également la vie : l'un périt par le fer d'un parricide, l'autre sous la hache des régicides.

La cérémonie imposante du sacre offrit une nouvelle preuve de cet enthousiasme et de cet amour pour le Roi et une jeune Reine qui réunissoit en elle toutes les qualités aimables qui plaisent à des Français.

Combien de fois vit-on les yeux du jeune Roi se remplir des larmes de l'attendrissement, aux marques d'amour et de sensibilité qui lui étoient prodiguées !

Nous le dirons avec autant de franchise que de vérité : Marie Antoinette, Reine de France, dont la fin fut si malheureuse, qui se montra la digne fille de Marie-Thérèse, impératrice d'Autriche, avoit hérité de sa grandeur d'ame et de son courage : elle éprouva de plus grands revers que son auguste mère; mais elle ne put, comme elle, triompher de ses ennemis. Reine infortunée, qui partagea long-temps, avec son royal époux, l'amour et l'enthousiasme d'un peuple pour qui aimer ses Souverains étoit un de ses premiers besoins, une vertu héréditaire. Grand Dieu! qui auroit pu prévoir qu'un sentiment si contraire devoit un jour égarer à un tel point une partie de ces mêmes Français, qui n'épargnèrent ni le rang, ni le sexe, ni l'âge !

Je dois, Messieurs, vous entretenir des premières années du règne de Louis XVI, elles honorent son cœur et nous rendent chère sa mémoire.

Tout ce qui peut illustrer une si pieuse vie devroit être cité, et c'est à regret que les bornes de ce discours m'obligent d'en omettre bien des détails.

Pourrai-je même vous parler des actes de bienfaisance que Louis XVI, avant et après qu'il fut Roi, exerça par lui-même, en allant en personne porter des secours à l'indigence ou en cherchant à la rencontrer !

Aucun sentiment d'amour et de tendresse pour les Français ne fut étranger à son cœur, il les possédoit tous , il les pratiquoit tous.

Le premier édit de son règne fut pour dispenser son peuple du droit de joyeux avénement, dont il auroit pu tirer des sommes immenses.

Le second fut pour rassurer les créanciers de l'État, en promettant d'acquitter la dette publique. On remboursa pour 102 millions de dettes du règne précédent ; les restes de la féodalité et les corvées furent abolies.

La question pour les criminels fut supprimée. On n'usa plus des lettres de cachet ; les prisons furent assainies. Les hôpitaux reçurent de puissantes augmentations de revenu , et le sort des malades fut amélioré.

Ajoutons que peu de rois voulurent plus le bien et que peu en firent davantage. Louis XVI chercha toujours à s'entourer des hommes les plus vertueux. La réputation d'irreligion et d'immoralité éloigna toujours des emplois ceux qui en étoient convaincus ou fortement suspectés. S'il céda quelquefois contre son principe, il fut contraint par les circonstances , jamais il ne se décida par sa volonté.

Malgré lui ses Ministres et son conseil l'entraînent dans la guerre de l'Amérique. Les événemens qui la suivirent amenèrent des maux qui en sont inséparables, dont les succès et les pertes furent variés. La suite de cette guerre impolitique rapporta en Europe, et surtout en France, ce funeste germe *d'un système de liberté qui ne devint que licence.* Ajouté à la morale des modernes philosophes , il finit par égarer les Français, en enflammant l'imagination de cette liberté fausse dans ses principes , monstrueuse dans ses conséquences.

La situation des finances , les opinions divergentes des membres des premiers corps de l'État, la fluctuation générale dans les idées fiscales, la multiplicité de plans et d'écrits , la discussion de divers systèmes incohérens qu'on représenta comme praticables, le vœu général de la nation sembloient nécessiter les états-généraux : le Roi les convoqua. Il espéra trouver, dans l'état de crise où étoit la France , des conseils et des ressources dans des sujets qu'il croyoit fidèles , attachés à sa personne et à la monarchie : tels furent les motifs qui le déterminèrent à les assembler.

L'impéritie de quelques Ministres , l'ambition et la perfidie des autres, la cabale des factieux , la doctrine des philosophes ; par-dessus tout, le système et les efforts de cette secte d'innovateurs sanguinaires, qui aiguisoient leurs poignards, qui vouloient tout renverser pour tout envahir, rendirent nulles les bonnes intentions du Roi. On vit au contraire sortir du sein de la première et de la seconde assemblée, les crimes, les forfaits, et toutes les calamités de la fin du dernier siècle, qui devoient rendre éternel l'opprobre des annales d'une partie du monde chrétien.

Louis XVI ne fut pas long-temps à s'apercevoir des dangers dont il s'étoit environné. Fort de ses bonnes intentions, du sentiment de sa conscience, de sa tendresse pour ses peuples, de son amour pour le bien, il vit avec calme se former l'orage qu'il présageoit bientôt devoir le frapper. Il espéroit encore ramener par sa clémence un peuple égaré par des factieux, il crut par sa douceur triompher des rebelles, par sa bonté vaincre des ingrats. Il se flatta de ranimer dans des cœurs français cet antique sentiment d'amour et de fidélité. Vain espoir ! le parti des factieux l'emporte ; *il fut donné à celui-ci de tromper le peuple et de prévaloir contre le Roi* (1).

Pour mettre à exécution des projets liberticides, qui tendoient à tout bouleverser, les factieux ne devoient rencontrer aucune opposition :

____

(1) Apocal. XIII, v. 7.

on corrompt l'armée, on excite, on enflamme toutes les passions du soldat. L'esprit de nouveauté entraîne, la cupidité séduit, l'ambition égare, les forfaits se méditent. Les moins coupables hésitent d'abord , mais ensuite se souillent des crimes dont ils rougissent. Plusieurs, effrayés des attentats auxquels il faut se porter, ou trompés dans leur attente, eurent horreur des premiers forfaits et se hâtèrent d'abjurer leurs erreurs.

C'en est fait, Dieu le permit, les crimes de la révolution commencent, la populace armée prend la Bastille. La capitale n'offre plus que l'aspect d'un camp ; on n'entend plus que les cris d'un peuple en fureur. Mais contre qui se dirige tout cet appareil menaçant de guerre? Est-ce contre le Roi ? Il est seul contre la nation. Quel est le cœur que ces baïonnettes et ces piques doivent percer ? Est - ce celui du Souverain? Mais c'est le cœur sensible d'un père qui brûle de tendresse pour ses enfans ; c'est le sanctuaire où reposent toutes les vertus chrétiennes, civiles et morales ; c'est le temple sacré de l'antique honneur de Philippe-Auguste, de François Ier., de Saint-Louis, de Louis XII et d'Henri IV.

Bientôt on représente comme l'ennemi du

peuple, celui que son titre de Roi et ses vertus en rendent l'ami et le plus ferme soutien. *Venez, venez*, s'écrient les factieux, *faisons contre lui de secrètes menées* (1).

Désormais armés comme au jour des combats, ces factieux se prononcent avec audace. Le souverain, plein de calme et de sérénité, veut lui-même, par sa présence, apaiser ces Français qu'on excite, qu'on égare. Il quitte Versailles, vient lui-même se livrer à ces habitans de la Capitale qu'on a séduits. Seul, sans armes, il s'avance sous une voûte d'acier, à travers les baïonnettes : nulle crainte ne se manifeste sur son visage ; avec générosité il se confie à son peuple. Mais grand Dieu ! un attentat peut se commettre !!! Non, non, il n'en est pas encore temps, le crime n'a pas atteint son degré d'intensité, il n'a pas parcouru la série des forfaits qui doivent assouvir la rage des héros sanguinaires chefs de cette étrange révolution.

On continue de calomnier les intentions du Roi qui consent à tous les sacrifices ; il fait plus, il descend pour ainsi dire dans l'arêne afin de se justifier, de combattre ses accusateurs, de les réduire au silence ; vaine tentative ! *frappons-le*

____

(1) Venite et cogitamus adversus eum cogitationes.

de notre langue, s'écrièrent-ils , *et ne souffrons plus qu'on écoute tous ses beaux discours* (1).

Mais comment les combat - il ? Par sa tendresse, sa clémence et sa magnanimité.

Le sang de ses sujets coule, il voudroit l'étancher; il veut arrêter le bras des assassins : vains efforts ! il ne peut que reporter sur les veuves ou les orphelins des victimes de la fureur populaire , tous les sentimens dont son ame sensible et bienfaisante est profondément affectée.

A toutes les tentatives les plus inouïes, le Roi oppose constamment sa bonté et sa douceur. Lorsque la justice, d'accord avec la sûreté de sa personne, l'intérêt même de la France, demandoient la condamnation de grands coupables , il aima mieux s'exposer à de nouveaux périls que de punir, préférant vaincre le crime et l'ingratitude par sa clémence.

Grand Roi! vous étiez loin de prévoir que le repentir ne peut jamais naître dans des cœurs souillés , infectés de tous les vices et d'une morale corrompue. Oui, Messieurs, le remords exige une certaine grandeur d'ame que les

____

(1) Percutiamus eum linguâ, et neque attendamus universos sermones ejus.　　Jer. XVIII, v. 18.

philosophes bourreaux ne connurent jamais.

Maintenant les événemens se développent, se pressent, s'entassent pour ainsi dire, et nous arrivons à cette époque mémorable du 6 octobre, où à une nuit affreuse succède une journée de massacre.

A quatre lieues de la Capitale, le palais du souverain est assailli. Versailles est souillé par l'apparition des siccaires qui doivent plonger le poignard dans le sein de la famille Royale. Ah ! si à cette époque la main de Dieu arrête le bras des régicides, il laissera plus tard ensanglanter la hache des bourreaux.

Charles Ier. poursuivi par les factieux qui veulent se saisir de sa personne, est abandonné de ses gardes. Louis XVI est environné des siens. Les premiers cessent de défendre leur Roi, les derniers viennent mourir pour le leur.

C'est ainsi que cette garde fidèle expirant sur les marches du trône, vient offrir à son souverain et à l'Europe la preuve de son dévouement et de sa fidélité.

L'ordre seul du Monarque avait pu dans cette journée enchaîner le courage et la valeur d'une garde qui préfère recevoir la mort sous les armes et à son poste, que de transgresser l'ordre du souverain, *de ne pas faire couler le sang de ses sujets ;* hélas ! bientôt ils répandront tout le sien.

Exemple touchant de bonté du Roi, de soumission et de dévouement de ses gardes.

C'est ainsi que pendant qu'une partie des Français égarés se rend coupable des plus grands crimes envers le Monarque, celle qui est restée fidèle le console de tant d'attentats.

Le Souverain est arraché de son palais ; avec toute sa famille il est traîné comme captif dans sa capitale. L'organe d'une troupe effrénée de rebelles, un maire de Paris ose dire à Louis XVI que *cette fois le peuple a conquis son Roi.* Bientôt, sous les fenêtres du Monarque captif on entend discuter et proclamer une *liberté nationale,* dont la captivité du Roi est le premier résultat. Celui qui naguères pouvoit commander en souverain, depuis le 6 octobre est détenu prisonnier par un peuple *libre.* Cet ambitieux coupable, qui avoit dû le défendre à Versailles comme sujet, comme général, quand il devoit pourvoir à la sureté, à la conservation de la vie de son Roi, *dormoit ;* mais lorsqu'il est son geolier à Paris, qu'il faut l'obséder, troubler son sommeil pendant la nuit ou celui de sa famille, *il veille.*

Rien ne peut plus suspendre la marche rapide des événemens, Dieu vouloit l'accomplissement de ses décrets. Il aura lieu pour faire briller la vertu, la piété et la résignation du Roi. Hélas! les épreuves seront terribles!

Chaque jour les insultes, les outrages augmentent : en vain dans ses périls des sujets fidèles veulent environner Louis et le défendre; la faction plus puissante l'emporte, dispose des bourreaux et désigne les victimes; bien plus, elle a marqué l'instant du sacrifice.

Jusqu'ici le Roi croit n'avoir à craindre que pour sa personne et sa famille, mais il va éprouver une attaque qui ne lui sera pas moins sensible. La religion de ses pères va être profanée, ses ministres poursuivis. On s'empare des propriétés du premier corps de l'État. Le clergé ne forme aucune opposition pour des biens périssables, que celle que lui fournit une antique et sacrée possession. Dès qu'on attaque la religion et ses dogmes, qu'on exige un serment que la conscience ne sauroit admettre, que la religion condamne, c'est alors qu'il oppose une ferme résistance, qui plus tard sera scellée par le martyre.

Le Monarque religieux refuse de sanctionner le décret relatif au clergé; sa résistance augmente la rage des factieux. Chaque jour, par des menaces ou des séditions nouvelles, on veut intimider le Roi, dont la vie est abreuvée d'amertume. La liberté des cultes et des consciences est décrétée, mais celle du Souverain seul est tyrannisée : il veut se rendre dans un de ses palais pour y recevoir son Dieu, y remplir les pratiques de sa religion, d'après les sentimens de sa conscience : il en est empêché ; les factieux s'opposent à son départ.

Pour conduire le peuple aux plus grands forfaits, il falloit toujours empoisonner les démarches du Prince, il falloit sans cesse égarer la multitude et la pousser de crime en crime.

On ne pourra lasser la patience et la résignation du Roi, que lorsqu'il sera convaincu que la religion lui impose l'obligation de résister efficacement. Alors il croit ne pouvoir y parvenir qu'en fuyant.

Il quitte donc la Capitale pendant la nuit ; mais bientôt arrêté à Varenne, il est ramené captif à Paris.

C'est dans cette marche que l'on vit des sanguinaires proconsuls traîner en triomphe toute la famille d'un Roi, qui ne quittera plus son palais que pour entendre prononcer sa déchéance, que pour être conduit comme une victime dévouée à la rage de ses bourreaux, après en avoir essuyé les plus grands outrages.

Que ne pouvons-nous éloigner des scènes qui oppressent l'ame par tant de crimes ! qui ne citera avec attendrissement, outre les journalières et abondantes aumônes qu'elle faisoit répandre, ce trait qui honore la sensibilité de la Reine et la générosité du Monarque ! Pendant qu'on dispose le peuple au crime, le Souverain cherche à soulager sa misère : le factieux ferme son cœur à l'amour du Roi qui ouvre sa main au besoin de l'infortuné.

A l'entrée d'un hiver très-rude, la Reine donne l'ordre qu'à ses frais on retire du Mont-de-Piété tous les effets d'habillement mis en gage, jusqu'à la concurrence de 24 fr. par tête, afin de les rendre gratis aux indigens.

Cet acte de bienfaisance s'éleva à une somme trop considérable pour le revenu de la Reine ; ce fut le Roi qui la compléta des fonds de sa liste civile.

Tout ce que nous avons rapporté n'avoit que déjà trop fait connoître à Louis le sort qui lui étoit préparé. La majesté du trône avilie, la mort du Monarque dégradé devenoit certaine : les rebelles vont la poursuivre.

Le 20 juin, on cherche dans les Tuileries la

Reine pour l'immoler à la rage de ses persécuteurs, qui depuis le 6 octobre n'avoient cessé de
la poursuivre; elle échappe encore à leur entreprise. C'est dans cette journée affreuse qu'est
placé sur la tête du Roi, qu'on cherche à avilir,
ce bonnet rouge, signe de révolte et du ralliement
des factieux : ainsi l'emblême du crime couvre
le chef auguste de l'oint du Seigneur.

On n'éprouve plus que de l'admiration, lorsqu'on se représente le Roi aussi calme sous ce
signe des forfaits placé sur son front, que s'il
l'avoit orné du diadême. Sans répondre à un de ces
rebelles qui l'environnent, qui lui dit *de n'avoir
pas peur,* il se contente de saisir la main d'un
grenadier et la posant sur son cœur : *Vois,* dit-il *
s'il bat plus vîte qu'à l'ordinaire.*

L'assassinat de la famille Royale, qu'on avoit
manqué le 20 juin, devoit se consommer le
10 août.

Il est impossible dans la chaire de vérité d'en
trer dans le détail de ces époques affreuses, on
peut à peine les nommer.

Une partie des braves qui veulent opposer
de la résistance, périt le 10 août en défendant
l'entrée des Tuileries. Dans toute l'étendue d e
la Capitale et même des environs, la rage trouve
des victimes, et par-tout la fidélité rencoi tre

des bourreaux: le sang coule de tous côtés. Les jardins, les cours du palais du Monarque en sont abreuvés, les escaliers, les salles, les appartemens en sont teints ; les caves, les vestibules et les greniers en sont inondés. Enfin plusieurs fidèles sujets expirant dans les lieux les plus retirés, attestent l'acharnement des assassins et le nombre des victimes. On voit s'accomplir ces paroles de Zacharie : *Ceux qui demeureront se dévoreront les uns les autres* (1).

La Capitale n'offre plus qu'un champ de massacre ; les cadavres, épars dans les rues, restés sans sépulture, pourroient servir de pierre thermale indiquant la marche des bourreaux.

La clarté du jour ou les ombres de la nuit ne sauroient mettre un terme à ces horreurs. Quelle plume pourroit rendre la triste situation du Monarque et peindre le désespoir auquel son ame sensible est livrée !

Le Roi s'étoit retiré au sein de l'assemblée, hélas ! au milieu de ses ennemis : confiné dans

----

(1) Et reliqui devorent unusquisque carnem proximi sui.　　　　　　　　　　　　　　Zach. XI, v. 8.

Le 10 août, on dévora des lambeaux de chair des malheureux Suisses.

une étroite enceinte, environné de sa famille
et de quelques serviteurs fidèles, il passe la nuit
exposé aux insultes, à la fureur et aux vociféra-
tions d'une multitude ivre du sang qu'elle a versé,
mais dont elle n'est pas rassasiée. La majesté du
trône, le tendre intérêt qu'on doit à un sexe
foible, la pitié que sollicite l'enfance, rien ne peut
désarmer la fureur des régicides.

C'est pendant cette nuit affreuse passée à l'assemblée, que Monsieur le Dauphin en bas âge,
placé près de sa sœur, de cette vertueuse Princesse que Dieu a laissé subsister pour être la
consolation de sa famille, la protectrice des infortunés, dormit quelques instans dans les bras
et sur le sein de son auguste mère. Bonheur qui
lui fut envié sans doute, et qui plus tard lui sera
inhumainement arraché ! !

Mais, Messieurs, comme moi n'êtes-vous pas,
oppressés par le récit d'une série de crimes toujours se multipliant, toujours devenant plus
atroces? On auroit besoin de s'arrêter sur quelques,
faits consolans, qui reposent l'imagination et
adoucissent cette douleur poignante dont l'ame
est déchirée. Eh bien ! jetons un regard sur les
fidèles serviteurs du Roi, rendons hommage à
la fermeté et au dévouement sacré de ceux qui
entourent la famille Royale dans cet instant cri-

tique : avec anxiété ils veillent à sa conservation. A peine le Monarque et sa famille osent, à la dérobée, porter sur eux un regard d'intérêt et de reconnoissance. Hélas ! nous ne pouvons ici que donner des larmes, admirer, applaudir et prier pour ceux qui ont été frappés de mort en le défendant, ou qui la recevront pour prix de leur fidélité à Dieu, à la religion et au trône.

Si pour un instant nous avons interrompu le sentiment qui nous oppresse, bientôt nous sommes forcés de nouveau de nous pénétrer de la situation du Monarque dans cette nuit affreuse et le jour suivant.

On voit imprimée sur la figure du Roi et dans son maintien une douleur profonde, mais calme. Nul signe de désapprobation ou d'humeur ne se fait remarquer pendant une longue et orageuse discussion, qui se termine par la déchéance de Louis XVI.

Arrêt monstrueux, contraire à toutes les lois, dicté et prononcé par des sujets rebelles ; déchéance fatale qui ne précédera que d'un bien court espace l'emprisonnement du Souverain et de sa famille.

Bientôt après les prisons du Temple vont s'ouvrir pour recevoir le fils de Saint-Louis, le descendant de soixante-six Rois.

Étrange destinée, incompréhensible vicissi-
tude des choses humaines ! le Monarque, le chef
d'une puissante nation, le descendant, l'héritier,
le successeur de tant de Souverains, est plongé
dans une étroite prison, il n'a de ressource qu'en
Dieu. Comme chrétien, comme martyr, il doit
s'humilier devant sa volonté suprême, il doit se
résigner à ses décrets éternels ; il obéit.

Ici j'oublie le titre de Roi pour ne vous offrir,
en effet, que celui de chrétien soumis, d'un père,
d'un époux, d'un frère qui voit s'éclipser devant
lui le prestige des vanités humaines dont il fut
environné dès son berceau : grandeurs qui vont
être remplacées par les plus ignominieux traitemens.

Vous croyez peut-être, Messieurs, qu'un
dernier crime va promptement terminer tant
d'outrages et de persécutions exercées contre
Louis XVI? Détrompez-vous, la cruauté a ses
jouissances, la férocité ses raffinemens : les factieux les connoissent, les étudient, les exer-
ceront tous, ils n'en oublieront aucun.

Cependant s'effectuent les massacres préparés
du 2 septembre. Leur atrocité, ignorée du Souverain et de sa famille, n'auroit qu'à moitié rem-
pli le but de ceux qui vouloient de plus en plus
accabler le monarque : il falloit donc lui en ap-

prendre le détail, ses affreuses suites, et lui faire connoître quelles étoient les victimes. Bientôt on voulut lui faire contempler les restes sanglans d'une d'entre elles, dont les traits lui étoient aussi connus que la fidélité.

De quel sentiment de douleur profonde est pénétrée l'ame religieuse du Roi, en apprenant le massacre des ministres des autels et de ses fidèles sujets ! Hélas ! ils viennent de sceller de leur sang leur fidélité à une Religion dont ils sont les prêtres et les martyrs, à un souverain dont ils furent les défenseurs. L'Abbaye, les Carmes, Saint-Firmin, toutes les prisons de Paris offrent les mêmes scènes de proscription et de massacres.

L'on voit, à cette fatale époque, des victimes entassées, confondues sans distinction d'âge, de sexe, de rang et d'état.

Le prélat, le prêtre, le religieux, les vierges du Seigneur, le ministre d'état, le magistrat, le pauvre, le riche, le marchand, le noble, l'artisan, le jeune homme, le vieillard, la princesse, l'humble mère de famille sont tous massacrés dans le même moment : tous viennent, en mourant, mêler leurs larmes et leur sang ; ils confondent leurs soupirs et le dernier accent de la douleur : leur fidélité fut égale, leur supplice est le même.

Ah ! gardons-nous d'en douter, les prières de ces martyrs qui précèdent le Roi devant le trône de l'Éternel, attireront sur lui et sa famille les grâces et la résignation qui leur sont si nécessaires.

O comble de barbarie ! le dirai-je ! pour mettre le dernier sceau à tant d'horreurs, les bourreaux du 2 septembre marchent à la prison du Temple, dans l'intention d'égorger la famille royale ; mais ensuite ils se contentent d'exposer aux regards du Roi et de sa famille, sous les fenêtres de sa prison, la tête d'une de ces infortunées victimes...., de la princesse de Lamballe. Louis l'aperçoit ; son cœur est profondément ému ; mais la religion le soutient, sa fermeté le rend encore capable de porter du secours à la Reine. Au récit des scènes du 2 septembre, qu'elle avoit entendu, elle étoit tombée évanouie. Ce n'étoit pas la première fois, depuis trois ans, que le monarque avoit pu être frappé par de pareils spectacles, et lors même qu'il habitoit son palais.

Chaque jour de la captivité du Roi est marqué par de nouvelles persécutions, par de nouveaux

outrages exercés envers lui et son auguste famille.
La prison, qui met à l'abri de l'insulte, même
le plus vil criminel, n'avoit pu en préserver
Louis XVI ni la Reine. Une partie de ses sujets
l'accable de fausses inculpations ; son innocence
et la religion le soutiennent : les hommes le
persécutent, un Dieu le console. Incrédules,
athées, philosophes, venez prendre des leçons.
Les grandeurs humaines, les dignités, toutes
les vanités de la terre disparoissent, les trônes
s'écroulent, les plus grands succès sont rempla-
cés par les plus cruels revers ; c'est alors que
l'homme juste combat, cède, résiste et triomphe
par sa foi et sa résignation. S'il meurt, c'est avec
tranquillité, par l'espoir d'une vie plus heureuse.
Mais à vous, que vous reste-t-il, quel est votre
soutien, quel est votre espoir ?

Plus les épreuves du Roi sont pénibles, plus
elles augmentent, plus s'accroît sa confiance en
Dieu, plus sa piété redouble. Le sacrifice approche, il l'envisage avec fermeté ; son ame seule
se roidit contre la barbarie des hommes, mais
elle s'humilie, se ploie devant les décrets de la
divine Providence. Lorsque j'avance vers cette
dernière épreuve, le tableau se charge et se rem-
brunit ; il semble que les génies de l'enfer puissent seuls inventer ou même conduire jusqu'à sa

fin un raffinement de férocité sans exemple. A peine puis-je trouver assez de force pour terminer ce récit !

Pour peindre la vertu dans tout son éclat, il faut cependant faire voir combien furent grands les dangers et les outrages qu'elle eut à soutenir; combien furent cruelles les dernières épreuves qu'elle eut à surmonter.

Nous arrivons à cette sanglante catastrophe qui devoit enfin mettre le comble aux crimes des régicides, qui depuis si long-temps aiguisoient leurs poignards, mais qui cette fois alloient les tremper dans le sang de leurs royales victimes.

En commençant le procès du Roi, on le sépare de sa famille. N'attendez pas, Messieurs, qu'épuisé par le détail de tant de scènes déchirantes, je veuille entreprendre de décrire ici cette séparation, qui arrache des bras d'un époux, d'un père, d'un frère, son unique consolation, tout ce qui lui est cher à tant de titres.

Pour sentir l'étendue de sa douleur au moment de cette cruelle épreuve, j'en appelle aux époux, aux épouses, aux pères, aux mères et aux enfans qui sont ici présens : on peut sentir, mais jamais décrire les déchirantes sensations que dut éprouver Louis XVI qui réunissoit tous ces titres. *C'est donc la mort amère qui va rompre bientôt* de si doux liens (1).

On veut paroître instruire un procès déjà jugé. Sans délit on accuse Louis XVI...., sans preuve on le condamne...., innocent on va l'exécuter.

Des régicides prononcent un assassinat qu'on ose traiter de jugement national. Un amas de révoltés deviennent tout-à-la-fois accusateurs, juges et bourreaux. Ainsi donc le criminel immolera l'innocent? Oui, parce que Dieu doit éprouver le juste, qu'il le permet pour le récompenser; parce qu'il veut en même temps effrayer les grands de la terre, et châtier les peuples irreligieux et rebelles.

L'arrêt de mort qui condamne Louis XVI lui est enfin prononcé. La nature ne perd jamais ses droits : son cœur est douloureusement oppressé; mais il ne reste point anéanti...., son ame n'est point abattue....; il sait qu'il va mourir, condamné par les hommes, mais qu'il vivra pour Dieu. Il perd un trône périssable, mais Dieu lui en réserve un éternel.

Le Roi obtient de dire un dernier adieu à sa famille. Etait-ce par un sentiment de crainte ou par un raffinement de barbarie, pour contraindre

---

(1) Siccine separat amara mors.　　Reg. XV, v. 32.

ses derniers momens, que cette grâce ne lui est accordée que sous la condition qu'il puisse être vu et observé ? C'est à ces régicides seuls qu'on peut faire cette question, eux seuls pourroient y répondre.

Contentons-nous de dire que dans cet instant il est grand sous tous les rapports. Sensible comme père et comme époux, il se montre résigné comme martyr, plein de foi et d'espérance. Si, comme père, il succombe un instant à sa douleur, bientôt comme chrétien il triomphe de la nature.

C'est ici que je sens toute mon insuffisance, lorsque je dois vous retracer cette scène attendrissante d'un Souverain qui annonce à tout ce qui lui est cher, que son arrêt est prononcé, que dans un court espace il doit marcher au supplice.

A cette nouvelle, la fille, la descendante de tant d'empereurs et de rois, la reine enfin, tombe et embrasse les genoux de son royal époux : les larmes inondent les yeux d'une mère, d'une sœur, d'une épouse, d'une fille et d'un fils, innocentes victimes, condamnées à devenir orphelins, et dont la tendre et touchante sensibilité a devancé l'âge. L'accent, le cri de la douleur ne sauroient long-temps laisser couler des larmes; il n'en est point pour le désespoir. Cet

infortuné monarque s'étoit déjà dévoué au sacrifice; mais il se trouve dans la situation la plus
déchirante : en vain il cherche à calmer l'afflic-
tion et le désespoir de sa famille : le pouvoit-il?

Une fille éplorée tombe sans connoissance,
aucune force humaine ne peut arracher le Roi
des bras d'une épouse qui sent toute l'étendue
de sa perte.....

Ames tendres, ah ! n'épuisez point le sentiment de votre douleur, elle sera encore vive-
ment émue.

Après ce moment si pénible pour le cœur de
Louis, il s'élève au-dessus de l'homme par sa
religion et sa fermeté ; il se montre autant supé-
rieur à la nature humaine que son rang et sa
naissance l'élèvent au-dessus de ces ames fé-
roces qui ordonnent les apprêts de son supplice.

Enfin, par un dernier effort sur lui-même
il s'arrache à tout ce qui lui est cher ; il quitte
cette famille que ses yeux ne reverront plus, que
ses bras ne presseront plus contre son sein pa-
ternel. L'éternité va donc se placer entre un Roi
et ses peuples, entre un père et ses enfans! Louis
rendu dans sa prison, se jette aux pieds de ce Dieu
mort pour tous les hommes, le seul témoin de
sa douleur, la seule consolation que la barbarie
de ses bourreaux ne sauroit lui arracher : à ge-

noux, il implore sa miséricorde , il lui demande assez de force pour le soutenir dans ses derniers momens , afin de pouvoir achever son pénible sacrifice. Le roi de la terre et des cieux , mort sur une croix par un supplice encore plus in-famant pour la Majesté d'un Dieu , lui trace la conduite qu'il doit tenir. Ainsi que lui , il va ter-miner sa vie sur un échafaud. Quel exemple! Quel motif de consolation pour un chrétien !

Seul avec un Ministre des Autels qui n'avoit point prêté de serment, Louis se prépare par les sacremens de pénitence et de l'eucharistie à quit-ter une vie abreuvée de tant d'amertume et d'ou-trages. Il va recevoir la mort , condamné par une partie de ces Français dont il a constamment voulu le bonheur , et pour qui il eût sacrifié sa vie.

Étrange opposition de sentiment et de con-duite ! mais que ne doit-on pas attendre des fu-reurs des rebelles , d'hommes égarés , sans mœurs , sans principes , sans religion ! c'est ainsi que *le seigneur des armées a fait ces choses pour anéantir tout le faste des grandeurs hu-maines et tourner en ignominie ce que l'univers a de plus auguste.* (1)

---

(1) Dominus exercituum cogitavit hoc ut detraheret superbiam omnis gloriæ et ad ignominiam deduceret universos inclytos terræ.   Isa. XXIII , v. 9.

La faction des Régicides, qui avoit médité le crime depuis long-temps, en avoit préparé l'exécution : cependant, dans ce dernier instant, avec stupeur elle voit paroître le 21 janvier, jour affreux qui devoit consommer le plus grand des forfaits.

Avec calme et résignation Louis attend l'arrivée de ses bourreaux, l'instant de son supplice.... L'heure fatale sonne : ils se présentent avec audace, le Roi les suit avec fermeté.

Lentement on conduit la victime royale vers le lieu du supplice : les rues sont bordées d'une triple haie de garde, depuis la prison du Temple jusqu'à l'échafaud. On a tout prévu, les précautions les plus atroces ont été prises, un morne silence règne dans la capitale..., peut-être déjà le désespoir et le cuisant remords déchirent en ce moment l'ame bourrelée de plusieurs de ces persécuteurs, de ces juges coupables !

Et vous, fidèles Français, qui gémissiez en secret, que le désespoir accabloit, qui dévoriez en public vos larmes et vos soupirs, faites-nous connoître cette douleur amère qui déchiroit vos cœurs sensibles en proie à tous les chagrins : ah ! ce détail nous soulageroit un moment ; le tableau de la fidélité diminueroit l'horreur de celui du crime. La force militaire ne rend que

plus imposante et plus triste cette marche funèbre d'un Roi qui s'occupe de ses derniers momens. Il s'y prépare avec résignation par les
plus ferventes prières que l'église a consacrées
pour les agonisans.

C'est ainsi que Louis XVI traverse des lieux
où tant de fois il avoit entendu les accens d'allégresse et les bénédictions du peuple d'une im-
mense capitale ; mais dans peu d'instans quel
cri affreux va se faire entendre ! *maintenant,*
ô Rois, apprenez : instruisez-vous, juges de la
terre. (1)

L'appareil de la mort environne le Monarque ;
mais ses ombres se dissipent devant sa foi et sa
résignation. Comme le roi prophète, il s'écrie :
Les voies me sont ouvertes à la véritable vie. (2)

Cependant Louis XVI s'avance vers cet espace
de peu d'étendue où son œil aperçoit le palais où
jadis il commanda en maître et en Roi ; où depuis le 6 octobre il fut détenu comme prisonnier ;
ce jardin où naguères il parut pour la dernière
fois environné de sujets fidèles, où plusieurs,
pour en défendre l'entrée, résistent et expirent

____

(1) Et nunc, Reges, intelligite ; erudimini qui judi-
catis terram.   Psal. II, v. 10.

(2) Notas mihi fecisti vias vitæ.   Psal. XV, v. 11.

en prononçant son nom ; cette enceinte d'une assemblée qui, le 10 août, prononça sa déchéance, le 20 janvier l'arrêt de sa mort ; cette place, où jadis s'élevoit majestueusement la statue de son aïeul, où maintenant est dressé l'échafaud sur lequel il va périr ; enfin le lieu où est creusée cette humble fosse qui va pour l'éternité renfermer ses dépouilles mortelles, où *ce corps va retourner à la terre dont il a été tiré.* (1)

Étrange bouleversement des grandeurs humaines, qui rapproche de si près le trône et l'échafaud ! le palais où la Majesté royale brilloit de tout son éclat, et le tombeau où elle va s'anéantir pour jamais ! cette place si étroite où un peu de poussière va couvrir les derniers restes du soixante-septième de nos Rois. Grands de la terre, quelle terrible leçon vous est offerte en ce moment ! Tremblez, humiliez-vous, soumettez-vous aux décrets éternels.

Louis monte sur l'échafaud ; non en criminel, mais comme un martyr qui quitte un trône périssable, pour parvenir au dernier degré d'une gloire éternelle.

____

(1) Revertatur pulvis ad terram suam, unde erat.
Eccles. XII, v. 7.

L'approche du supplice peut effrayer le coupable, mais n'intimide pas le juste. Avec une fermeté chrétienne Louis s'avance pour adresser une dernière parole à ce peuple qu'il ne cessa d'aimer malgré son ingratitude; à qui, dans son testament, il avoit pardonné sa mort; à qui il vouloit encore en réitérer l'assurance de sa propre bouche..... Vaine tentative! Les tambours battent et couvrent sa voix. On ne veut pas laisser entendre les derniers adieux d'un père à ses enfans. On fut injuste et cruel pendant sa vie, il falloit être atroce à sa mort.

Saisi, lié, étendu sur cet instrument de son supplice, la hache meurtrière déjà élevée glisse, tombe, frappe et sépare à jamais cette tête ensanglantée.... Par la main d'un vil bourreau elle est offerte à des monstres avides de voir couler le sang de leur Roi. — Il vous falloit du sang, barbares; eh bien! rassasiez-vous-en, le crime est consommé: *Consommatum est.*

Fils de St.-Louis, montez au ciel.

Ce sont les derniers mots que prononce ce digne et vertueux Ministre des autels qui accompagne le Roi.; paroles que la génération présente et future répétera avec attendrissement, que l'histoire a recueillies avec soin.

Ah! gardons-nous de douter que les vertus, la piété, la résignation, les longues souffrances de Louis XVIII, ne lui aient mérité la récompense d'un Dieu de miséricorde, qui l'accorde en proportion des épreuves qu'il envoie, et que ce Roi martyr a si dignement surmontées.....

Je viens de remplir une tâche d'autant plus pénible, que je sens, Messieurs, combien j'ai été au-dessous de mon sujet : je devrois ici terminer mon discours ; mais en cherchant à vous attendrir sur le sort d'un Monarque si digne de nos regrets, en vous engageant à implorer pour la France le pardon que nous devons tous solliciter d'un Dieu de miséricorde, je n'aurai pas encore atteint le but que je me suis proposé.

Il est un sentiment digne de trouver place dans le cœur des Français égarés ou innocens, c'est la volonté de faire oublier, par leur repentir, leur douleur sincère, leurs prières ferventes, par les sacrifices d'expiation offerts au Roi des rois, les crimes d'une partie de la nation, qui s'est rendue coupable. Cette volonté se manifestera dans la réunion sincère autour du Monarque digne frère de Louis XVI.

Que d'actions à rendre à Dieu, puisqu'après

tant d'années écoulées depuis cette terrible époque, il nous est enfin permis de nous livrer aujourd'hui à tous les sentimens pénibles que doivent exciter en nous de si déchirans souvenirs !

Dieu n'est point inexorable, et sa miséricorde attend l'expression d'un remords sincère et efficace pour pardonner aux coupables. A l'exemple de Jésus-Christ, ce Roi martyr, peu avant sa mort, signoit le pardon de ceux qui le livrèrent au supplice. La France doit voir en lui non-seulement un martyr, mais encore un protecteur puissant, qui veille depuis tant d'années sur l'héritage de son auguste famille.

N'en doutez point, Messieurs, c'est à son intercession puissante que la France a dû une délivrance aussi extraordinaire qu'imprévue.

Accablée par les armées des puissances divisées d'intérêts, adroitement travaillée par des conspirateurs audacieux, dont les intrigues sourdes ne pouvoient être anéanties que par un génie conciliateur, soutenu par une providence divine, tels étoient les dangers réunis contre la France et auxquels elle vient d'échapper.

C'est ici qu'on voit s'accomplir ce que je vous ai annoncé, les desseins de la miséricorde de

Dieu pour la conservation du royaume de Saint-Louis.

Sous le règne d'un Monarque magnanime la France est sortie pour ainsi dire de ses propres ruines. L'olivier de la paix s'est subitement élevé du milieu de la dévastation, du sang et du carnage.

A peine l'ennemi a-t-il quitté nos frontières, que la miséricorde de Dieu qui veille et préside aux destinées de ce royaume, a déjà su réunir tant d'intérêts divergens.

La bonté de Louis XVIII, ses talens, sa justice, sa clémence ont tout dirigé vers le bien général. Voulez-vous bien apprécier la situation heureuse de notre patrie, et vous convaincre de cette miséricorde de Dieu, jetez un regard en arrière et voyez dans quelle position nous étions il n'y a pas un an.

Quel est celui d'entre vous qui auroit pu présumer alors qu'une si sainte et si triste cérémonie nous réuniroit aujourd'hui dans ce temple sacré, et qu'un sacrifice d'expiation offert pour le meilleur des Rois seroit la fin de vingt-cinq ans de malheurs et de crimes ?

Que ne devons-nous pas attendre de la miséricorde de Dieu et espérer de la clémence éclairée du Monarque ! A quelle famille de Roi conviennent mieux ces paroles : *Nous avons ap-*

pris que les Rois de la maison d'Israël sont clémens (1).

Rétabli par l'ordre de Dieu, soutenu par un bras plus puissant que celui des hommes, il désire le bonheur de tous, le veut, le cherche et en fait sa principale étude. Ses talens et sa prévoyance ont tracé à chacun la marche qu'il doit suivre. Il n'a vu, en prenant les rênes de l'État, que des enfans séduits, que des serviteurs fidèles; il a pardonné à tous : à ceux même qui furent égarés, qui se jettent dans ses bras, il leur accorde sa confiance et l'oubli de leurs erreurs. Il a prouvé avec quelle fidélité il exécutoit les dernières volontés exprimées dans le testament de Louis XVI, qui engagent son successeur à pardonner à ceux qui le condamnèrent.

Les Français coupables doivent à leur tour expier leurs crimes par le repentir. Ah! quelle époque, en effet, put être plus déterminante que celle où l'Église vient nous offrir cette cérémonie auguste, si consolante pour l'homme égaré et le sujet fidèle !

Chrétiens, exempts de toute souillure révolutionnaire, plaignez les fautes de vos frères,

---

(1) Ecce audivimus quòd Reges domûs Israel clementes sint.   3. Reg. XX, v. 31.

évitez tout reproche adressé à ceux qui furent coupables, ne vous ressouvenez de leurs erreurs, de ces époques de forfaits et de deuil, que pour remercier Dieu de ne pas être tombés dans les mêmes crimes, que pour devenir vous-mêmes encore plus fidèles. Enfin, réunissons-nous tous comme Français, comme chrétiens, pour rendre grâce à Dieu de notre délivrance. Demandons-lui la continuité de notre bonheur, une longue vie pour le Souverain qui nous gouverne, et pour toute la famille royale. Espérons alors que Dieu apaisé par nos prières, satisfait des peines et des épreuves qu'il a envoyées au meilleur des Rois, afin de le placer dans le sein de sa miséricorde, épargnera désormais à son auguste famille et à la France de si terribles épreuves, de si sévères leçons.

Imprimerie de P. GUEFFIER, rue Guénégaud, n°. 31.

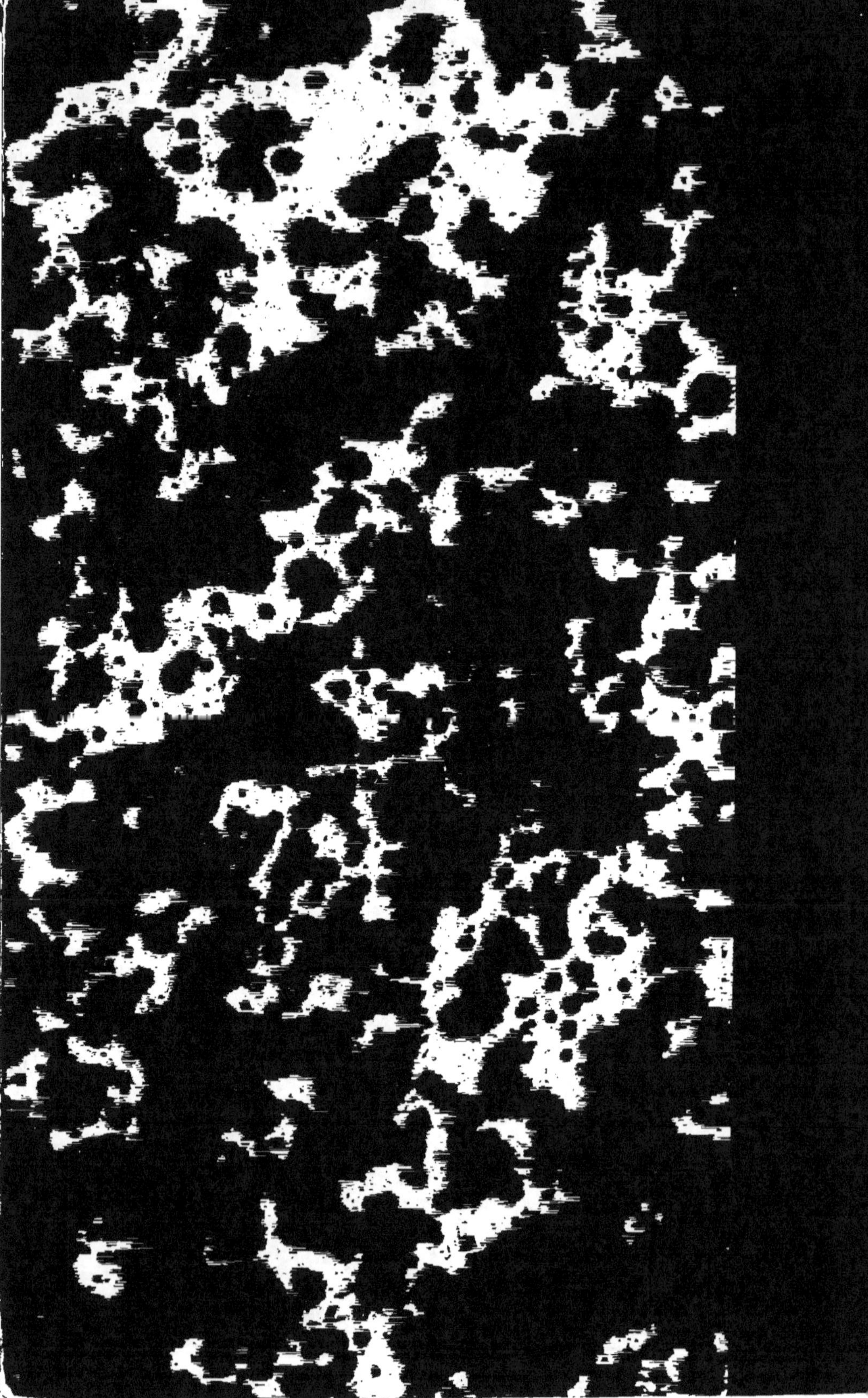